LE PREMIER LIVRE
DES ANTIQVITEZ DE ROME
CONTENANT VNE GENERALE
DESCRIPTION DE SA GRAN-
DEVR, ET COMME VNE DEPLO-
RATION DE SA RVINE:

PAR
IOACH. DV BELLAY ANG.

*Plus un Songe ou vision sur le mesme subiect,
du mesme autheur.*

A PARIS,
De l'imprimerie de Federic Morel, rue S. Ian
de Beauuais, au franc Meurier.

M. D. LXII.
AVEC PRIVILEGE DV ROY.

AV ROY.

Ne uous pouuant donner ces ouurages antiques
   Pour uoſtre Sainct-Germain, ou pour Fontaienbleau,
   Ie les uous donne (Sire) en ce petit tableau
Peint, le mieux que i'ay peu, de couleurs poëtiques.
Qui mis ſous uoſtre nom deuant les yeux publiques,
   Si uous le daignez uoir en ſon iour le plus beau,
   Se pourra bien uanter d'auoir hors du tumbeau
Tiré des uieux Romains les poudreuſes reliques.
Que uous puiſſent les Dieux un iour donner tant d'heur,
   De rebaſtir en France une telle grandeur,
   Que ie la uoudrois bien peindre en uoſtre langage:
Et peult eſtre, qu'alors uoſtre grand' Maieſté
   Repenſant à mes uers, diroit qu'ilz ont eſté
   De uoſtre Monarchie un bienheureux preſage.

Divins Esprits, dont la poudreuse cendre
 Gist sous le faix de tant de murs couuers,
 Non uostre loz, qui uif par uoz beaux uers
 Ne se uerra sous la terre descendre,
Si des humains la uoix se peult estendre
 Depuis icy iusqu'au fond des enfers,
 Soient à mon cry les abysmes ouuers,
 Tant que d'abas uous me puissiez entendre.
Trois fois cernant sous le uoile des cieux
 De uoz tumbeaux le tour deuotieux,
 A haulte uoix trois fois ie uous appelle:
I'inuoque icy uostre antique fureur,
 En ce pendant que d'une saincte horreur
 Ie uais chantant uostre gloire plus belle.

Le Babylonien ses haults murs uantera,
 Et ses uergers en l'air, de son Ephesienne
 La Grece descrira la fabrique ancienne,
 Et le peuple du Nil ses pointes chantera:
La mesme Grece encor uanteuse publira
 De son grand Iuppiter l'image Olympienne,
 Le Mausole sera la gloire Carienne,
 Et son uieux Labyrinthe la Crete n'oublira:
L'antique Rhodien eleuera la gloire
 De son fameux Colosse, au temple de Memoire:
 Et si quelque œuure encor digne se peult uanter
De marcher en ce ranc, quelque plus grand' faconde
 Le dira: quant à moy, pour tous ie ueulx chanter
 Les sept costaux Romains, sept miracles du monde.

a ij

Nouueau venu, qui cherches Rome en Rome,
　　Et rien de Rome en Rome n'apperçois,
　　Ces vieux palais, ces vieux arcz que tu vois,
　　Et ces vieux murs, c'est ce que Rome on nomme.
Voy quel orgueil, quelle ruine: & comme
　　Celle qui mist le monde sous ses loix
　　Pour donter tout, se donta quelquefois,
　　Et deuint proye au temps, qui tout consomme.
Rome de Rome est le seul monument,
　　Et Rome Rome a vaincu seulement.
　　Le Tybre seul, qui vers la mer s'enfuit,
Reste de Rome. O mondaine inconstance!
　　Ce qui est ferme, est par le temps destruit,
　　Et ce qui fuit, au temps fait resistance.

Celle qui de son chef les estoilles passoit,
　　Et d'un pied sur Thetis, l'autre dessous l'Aurore,
　　D'une main sur le Scythe, & l'autre sur le More,
　　De la terre, & du ciel, la rondeur compassoit.
Iuppiter ayant peur, si plus elle croissoit,
　　Que l'orgueil des Geans se releuast encore,
　　L'accabla sous ces monts, ces sept monts qui sont ore
　　Tumbeaux de la grandeur qui le ciel menassoit.
Il luy mist sur le chef la croppe Saturnale,
　　Puis dessus l'estomac assist la Quirinale,
　　Sur le uentre il planta l'antique Palatin:
Mist sur la dextre main la hauteur Celienne,
　　Sur la senestre assist l'eschine Exquilienne,
　　Viminal sur un pied, sur l'autre l'Auentin.

Qui

Qui uoudra uoir tout ce qu'ont peu nature,
 L'art, & le ciel (Rome) te uienne uoir:
 I'entens s'il peult ta grandeur conceuoir
 Par ce qui n'est que ta morte peinture.
Rome n'est plus: & si l'architecture
 Quelque umbre encor de Rome fait reuoir,
 C'est comme un corps par magique sçauoir
 Tiré de nuict hors de sa sepulture.
Le corps de Rome en cendre est deuallé,
 Et son esprit reioindre s'est allé
 Au grand esprit de ceste masse ronde.
Mais ses escripts, qui son loz le plus beau
 Malgré le temps arrachent du tumbeau,
 Font son idole errer parmy le monde.

Telle que dans son char la Berecynthienne
 Couronnee de tours, & ioyeuse d'auoir
 Enfanté tant de Dieux, telle se faisoit uoir
 En ses iours plus heureux ceste uille ancienne:
Ceste uille, qui fut plus que la Phrygienne
 Foisonnante en enfans, & de qui le pouuoir
 Fut le pouuoir du monde, & ne se peult reuoir
 Pareille à sa grandeur, grandeur sinon la sienne.
Rome seule pouuoit à Rome ressembler,
 Rome seule pouuoit Rome faire trembler:
 Aussi n'auoit permis l'ordonnance fatale,
Qu'autre pouuoir humain, tant fust audacieux,
 Se uantast d'égaler celle qui fit égale
 Sa puissance à la terre, & son courage aux cieux.

        a iij

Sacrez costaux, & uous sainctes ruines,
 Qui le seul nom de Rome retenez,
 Vieux monuments, qui encor soustenez
 L'honneur poudreux de tant d'ames diuines:
Arcz triomphaux, pointes du ciel uoisines,
 Qui de uous uoir le ciel mesme estonnez,
 Las peu à peu cendre uous deuenez,
 Fable du peuple, & publiques rapines!
Et bien qu'au temps pour un temps facent guerre
 Les bastimens, si est-ce que le temps
 Oeuures & noms finablement atterre.
Tristes desirs, uiuez donques contents:
 Car si le temps finist chose si dure,
 Il finira la peine que i'endure.

Par armes & uaisseaux Rome donta le monde,
 Et pouuoit on iuger qu'une seule cité
 Auoit de sa grandeur le terme limité
 Par la mesme rondeur de la terre, & de l'onde.
Et tant fut la uertu de ce peuple feconde
 En uertueux nepueux, que sa posterité
 Surmontant ses ayeux en braue auctorité,
 Mesura le hault ciel à la terre profonde;
Afin qu'ayant rangé tout pouuoir sous sa main,
 Rien ne peust estre borne à l'empire Romain:
 Et que, si bien le temps destruit les Republiques,
Le temps ne mist si bas la Romaine hauteur,
 Que le chef deterré aux fondemens antiques,
 Qui prindrent nom de luy, fust découuert menteur.

Astres

Astres cruelz, & uous Dieux inhumains,
  Ciel enuieux, & maraſtre Nature,
  Soit que par ordre, ou ſoit qu'à l'auenture
  Voyſe le cours des affaires humains,
Pourquoy iadis ont trauaillé noz mains
  A façonner ce monde qui tant dure?
  Ou que ne fut de matiere auſſi dure
  Le braue front de ces palais Romains?
Ie ne dy plus la ſentence commune,
  Que toute choſe au deſſous de la Lune
  Eſt corompable, & ſugette à mourir:
Mais bien ie dy (& n'en vueille deſplaire
  A qui s'efforce enſeigner le contraire)
  Que ce grand Tout doit quelquefois perir.

Plus qu'aux bords Aetëans le braue filz d'Aeſon,
  Qui par enchantement conquiſt la riche laine,
  Des dents d'un vieil ſerpent enſemençant la plaine
  N'engendra de ſoldats au champ de la toiſon,
Ceſte ville, qui fut en ſa ieune ſaiſon
  Vn hydre de guerriers, ſe uid brauement pleine
  De braues nourriſſons, dont la gloire hautaine
  A remply du Soleil l'une & l'autre maiſon.
Mais qui finablement, ne ſe trouuant au monde
  Hercule qui dontaſt ſemence tant feconde,
  D'une horrible fureur l'un contre l'autre armez,
Se moiſſonnärent tous par un ſoudain orage,
  Renouüelant entre eulx la fraternelle rage,
  Qui aueugla iadis les fiers ſoldats ſemez.

Mars uergongneux d'auoir donné tant d'heur
   A ses nepueux, que l'impuissance humaine
   Enorgueillie en l'audace Romaine
Sembloit fouler la celeste grandeur,
Refroidissant ceste premiere ardeur,
   Dont le Romain auoit l'ame si pleine,
   Soufla son feu, & d'une ardente haleine
Vint eschauffer la Gottique froideur.
Ce peuple adonc, nouueau fils de la Terre,
   Dardant par tout les fouldres de la guerre,
   Ces braues murs accabla sous sa main,
Puis se perdit dans le sein de sa mere,
   A fin que nul, fust-ce des Dieux le pere,
   Se peust uanter de l'empire Romain.

Telz que l'on uid iadis les enfans de la Terre
   Plantez dessus les monts pour escheller les cieux,
   Combatre main à main la puissance des Dieux,
Et Iuppiter contre eux, qui ses fouldres desserre:
Puis tout soudainement renuersez du tonnerre
   Tumber deça dela ces squadrons furieux,
   La terre gemissante, & le Ciel glorieux
D'auoir à son honneur acheué ceste guerre:
Tel encor' on a ueu par dessus les humains
   Le front audacieux des sept costaux Romains
   Leuer contre le ciel son orgueilleuse face:
Et telz ores on uoid ces champs deshonnorez
   Regretter leur ruine, & les Dieux asseurez
   Ne craindre plus là hault si effroyable audace.

Ny la fureur de la flamme enragee,
　Ny le trenchant du fer victorieux,
　Ny le degast du soldat furieux,
　Qui tant de fois (Rome) t'a saccagee,
Ny coup sur coup ta fortune changee,
　Ny le ronger des siecles enuieux,
　Ny le despit des hommes & des Dieux,
　Ny contre toy ta puissance rangee,
Ny l'esbranler des uents impetueux,
　Ny le débord de ce Dieu tortueux,
　Qui tant de fois t'a couuert de son onde,
Ont tellement ton orgueil abbaissé,
　Que la grandeur du rien, qu'ilz t'ont laissé,
　Ne face encor' emerueiller le monde.

Comme on passe en esté le torrent sans danger,
　Qui souloit en hyuer estre roy de la plaine,
　Et rauir par les champs d'une fuite hautaine
　L'espoir du laboureur, & l'espoir du berger:
Comme on uoid les coüards animaux oultrager
　Le courageux lyon gisant dessus l'arene,
　Ensanglanter leurs dents, & d'une audace uaine
　Prouoquer l'ennemy qui ne se peult uenger:
Et comme deuant Troye on uid des Grecz encor
　Brauer les moins uaillans autour du corps d'Hector:
　Ainsi ceulx qui iadis souloient, à teste basse,
Du triomphe Romain la gloire accompagner,
　Sur ces poudreux tumbeaux exercent leur audace,
　Et osent les uaincus les uainqueurs desdaigner.

b

Palles Esprits, & uous Vmbres poudreuses,
 Qui iouissant de la clarté du iour
 Fistes sortir cest orgueilleux seiour,
 Dont nous uoyons les reliques cendreuses:
Dictes Esprits (ainsi les tenebreuses
 Riues de Styx non passable au retour,
 Vous enlaçant d'un trois fois triple tour,
 N'enferment point uoz images umbreuses)
Dictes moy donc (car quelqu'une de uous
 Possible encor se cache icy dessous)
 Ne sentez uous augmenter uostre peine,
Quand quelquefois de ces costaux Romains
 Vous contemplez l'ouurage de uoz mains
 N'estre plus rien qu'une poudreuse plaine?

Comme lon uoid de loing sur la mer courroucee
 Vne montaigne d'eau d'un grand branle ondoyant,
 Puis trainant mille flotz, d'un gros choc abboyant
 Se creuer contre un roc, ou le uent l'a poussee:
Comme on uoid la fureur par l'Aquilon chassee
 D'un sifflement aigu l'orage tournoyant,
 Puis d'une aile plus large en l'air s'esbanoyant
 Arrester tout à coup sa carriere lassee:
Et comme on uoid la flamme ondoyant en cent lieux
 Se rassemblant en un, s'aguiser uers les cieux,
 Puis tumber languissante: ainsi parmy le monde
Erra la Monarchie: & croissant tout ainsi
 Qu'un flot, qu'un uent, qu'un feu, sa course uagabonde
 Par un arrest fatal s'est uenuë perdre icy.

             Tant

Tant que l'oyseau de Iuppiter uola,
   Portant le feu, dont le ciel nous menace,
   Le ciel n'eut peur de l'effroyable audace
   Qui des Geans le courage affolla:
Mais aussi tost que le Soleil brusla
   L'aile qui trop se feit la terre basse,
   La terre mist hors de sa lourde masse
   L'antique horreur qui le droit uiola.
Alors on uid la corneille Germaine
   Se deguisant feindre l'aigle Romaine,
   Et uers le ciel s'éleuer de rechef
Ces braues monts autrefois mis en poudre,
   Ne uoyant plus uoler dessus leur chef
   Ce grand oyseau ministre de la foudre.

Ces grands môceaux pierreux, ces uieux murs que tu uois,
   Furent premierement le clos d'un lieu champestre:
   Et ces braues palais, dont le temps s'est fait maistre,
   Cassines de pasteurs ont esté quelquefois.
Lors prindrent les bergers les ornemens des Roys,
   Et le dur laboureur de fer arma sa dextre:
   Puis l'annuel pouuoir le plus grand se uid estre,
   Et fut encor plus grand le pouuoir de six mois:
Qui, fait perpetuel, creut en telle puissance,
   Que l'aigle Imperial de luy print sa naissance:
   Mais le Ciel s'opposant à tel accroissement,
Mist ce pouuoir es mains du successeur de Pierre,
   Qui sous nom de pasteur, fatal à ceste terre,
   Monstre que tout retourne à son commencement.

Tout le parfait, dont le ciel nous honnore,
    Tout l'imparfait qui naiſt deſſous les cieux,
    Tout ce qui paiſt noz eſprits & noz yeux,
Et tout cela qui noz plaiſirs deuore:
Tout le malheur qui noſtre aage dedore,
    Tout le bon heur des ſiecles les plus uieux,
    Rome du temps de ſes premiers ayeux
Le tenoit clos, ainſi qu'une Pandore.
Mais le Deſtin débrouillant ce Chaos,
    Ou tout le bien & le mal fut enclos,
    A fait depuis que les uertus diuines
Volant au ciel ont laiſſé les pechez,
    Qui iuſqu'icy ſe ſont tenus cachez
    Sous les monceaux de ces uieilles ruines.

Non autrement qu'on uoid la pluuieuſe nuë
    Des uapeurs de la terre en l'air ſe ſouleuer,
    Puis ſe courbant en arc, à fin de s'abreuer,
Se plonger dans le ſein de Thetis la chenue,
Et montant de rechef d'ou elle eſtoit uenue,
    Sous un grand uentre obſcur tout le monde couer,
    Tant que finablement on la uoid ſe creuer
Or' en pluie, or' en neige, or' en greſle menue:
Ceſte uille qui fut l'ouurage d'un paſteur,
    S'éleuant peu à peu, creut en telle hauteur,
    Que royne elle ſe uid de la terre & de l'onde:
Tant que ne pouuant plus ſi grand faix ſouſtenir,
    Son pouuoir diſſipé s'écarta par le monde,
    Monſtrant que tout en rien doit un iour deuenir.

                                                    Celle

Celle que Pyrrhe & le Mars de Libye
  N'ont sceu donter, celle braue cité
  Qui d'un courage au mal exercité
  Souſtint le choc de la commune enuie,
Tant que ſa nef par tant d'ondes rauie
  Eut contre ſoy tout le monde incité,
  On n'a point ueu le roc d'aduerſité
  Rompre ſa courſe heureuſement ſuiuie:
Mais defaillant l'obiect de ſa uertu,
  Son pouuoir s'eſt de luymeſme abbatu,
  Comme celuy, que le cruel orage
A longuement gardé de faire abbord,
  Si trop grand uent le chaſſe ſur le port,
  Deſſus le port ſe uoid faire naufrage.

Quand ce braue ſeiour, honneur du nom Latin,
  Qui borna ſa grandeur d'Afrique, & de la Bize,
  De ce peuple qui tient les bords de la Tamize,
  Et de celuy qui uoid eſclorre le matin,
Anima contre ſoy d'un courage mutin
  Ses propres nourriſſons, ſa deſpouille conquiſe,
  Qu'il auoit par tant d'ans ſur tout le monde acquiſe,
  Deuint ſoudainement du monde le butin:
Ainſi quand du grand Tout la fuite retournee,
  Ou trenteſix mil' ans ont ſa courſe bornee,
  Rompra des elemens le naturel accord,
Les ſemences qui ſont meres de toutes choſes,
  Retourneront encor' à leur premier diſcord,
  Au uentre du Chaos eternellement cloſes.

b iij

O que celuy estoit cautement sage,
 Qui conseilloit pour ne laisser moisir
 Ses citoyens en paresseux loisir,
 De pardonner aux rampars de Carthage!
Il preuoyoit que le Romain courage
 Impatient du languissant plaisir,
 Par le repos se laisseroit saisir
 A la fureur de la ciuile rage.
Aussi uoid-on qu'en un peuple ocieux,
 Comme l'humeur en un corps uicieux,
 L'ambition facilement s'engendre.
Ce qui aduint, quand l'enuieux orgueil
 De ne uouloir ny plus grand, ny pareil,
 Rompit l'accord du beaupere & du gendre.

Si l'aueugle fureur, qui cause les batailles,
 Des pareils animaux n'a les cœurs allumez,
 Soient ceux qui uont courant, ou soient les emplumez,
 Ceux-là qui uont rampant, ou les armez d'escailles:
Quelle ardente Erinnys de ses rouges tenailles
 Vous pinsetoit les cœurs de rage enuenimez,
 Quand si cruellement l'un sur l'autre animez
 Vous destrempiez le fer en uoz propres entrailles?
Estoit-ce point (Romains) uostre cruel destin,
 Ou quelque uieil peché qui d'un discord mutin
 Exerçoit contre uous sa uengeance eternelle?
Ne permettant des Dieux le iuste iugement,
 Voz murs ensanglantez par la main fraternelle
 Se pouuoir asseurer d'un ferme fondement.

Que n'ay-ie encor la harpe Thracienne,
 Pour réueiller de l'enfer pareſſeux
 Ces uieux Ceſars, & les Vmbres de ceux
 Qui ont baſty ceſte ville ancienne?
Ou que ie n'ay celle Amphionienne,
 Pour animer d'un accord plus heureux
 De ces uieux murs les oſſemens pierreux,
 Et reſtaurer la gloire Auſonienne?
Peuſſe-ie aumoins d'un pinceau plus agile
 Sur le patron de quelque grand Virgile
 De ces palais les protraits façonner:
I'entreprendrois, ueu l'ardeur qui m'allume,
 De rebaſtir au compas de la plume
 Ce que les mains ne peuuent maçonner.

Qui uoudroit figurer la Romaine grandeur
 En ſes dimenſions, il ne luy faudroit querre
 A la ligne, & au plomb, au compas, à l'equierre
 Sa longueur & largeur, hauteſſe & profondeur:
Il luy faudroit cerner d'une egale rondeur
 Tout ce que l'Ocean de ſes longs bras enſerre,
 Soit ou l'Aſtre annuel eſchauffe plus la terre,
 Soit ou ſoufle Aquilon ſa plus grande froideur.
Rome fut tout le monde, & tout le monde eſt Rome.
 Et ſi par meſmes noms meſmes choſes on nomme,
 Comme du nom de Rome on ſe pourroit paſſer,
La nommant par le nom de la terre & de l'onde:
 Ainſi le monde on peult ſur Rome compaſſer,
 Puis que le plan de Rome eſt la carte du monde.

Toy qui de Rome emerueillé contemples
    L'antique orgueil, qui menaſſoit les cieux,
    Ces vieux palais, ces monts audacieux,
    Ces murs, ces arcz, ces thermes, & ces temples,
Iuge, en uoyant ces ruines ſi amples,
    Ce qu'a rongé le temps iniurieux,
    Puis qu'aux ouuriers les plus induſtrieux
    Ces vieux fragmens encor ſeruent d'exemples.
Regarde apres, comme de iour en iour
    Rome fouillant ſon antique ſeiour,
    Se rebatiſt de tant d'œuures diuines:
Tu iugeras, que le dæmon Romain
    S'efforce encor d'une fatale main
    Reſſuſciter ces poudreuſes ruines.

Qui a ueu quelquefois un grand cheſne aſſeiché.
    Qui pour ſon ornement quelque trophee porte,
    Leuer encor' au ciel ſa vieille teſte morte,
    Dont le pied fermement n'eſt en terre fiché,
Mais qui deſſus le champ plus qu'à demy panché
    Monſtre ſes bras tous nuds, & ſa racine torte,
    Et ſans fueille umbrageux, de ſon poix ſe ſupporte
    Sur ſon tronc nouailleux en cent lieux esbranché:
Et bien qu'au premier uent il doiue ſa ruine,
    Et maint ieune à l'entour ait ferme la racine,
    Du deuot populaire eſtre ſeul reueré.
Qui tel cheſne a peu uoir, qu'il imagine encores
    Comme entre les citez, qui plus floriſſent ores,
    Ce vieil honneur poudreux eſt le plus honnoré.

Tout

Tout ce qu'Egypte en poincte façonna,
   Tout ce que Grece à la Corinthienne,
   A l'Ionique, Attique, ou Dorienne,
   Pour l'ornement des temples maçonna :
Tout ce que l'art de Lysippe donna,
   La main d'Apelle, ou la main Phidienne,
   Souloit orner ceste ville ancienne,
   Dont la grandeur le ciel mesme estonna :
Tout ce qu'Athene' eut onques de sagesse,
   Tout ce qu'Asie eut onques de richesse,
   Tout ce qu'Afrique eut onques de nouueau,
S'est ueu icy. ô merueille profonde !
   Rome uiuant fut l'ornement du monde,
   Et morte elle est du monde le tumbeau.

Comme le champ semé en uerdure foisonne,
   De uerdure se hausse en tuyau uerdissant,
   Du tuyau se herisse en epic florissant,
   D'epic iaunit en grain, que le chaud assaisonne :
Et comme en la saison le rustique moissonne
   Les ondoyans cheueux du sillon blondissant,
   Les met d'ordre en iauelle, & du blé iaunissant
   Sur le champ despouillé mille gerbes façonne :
Ainsi de peu à peu creut l'empire Romain,
   Tant qu'il fut despouillé par la Barbare main,
   Qui ne laissa de luy que ces marques antiques,
Que chacun ua pillant : comme on uoid le gleneur
   Cheminant pas à pas recueillir les reliques
   De ce qui ua tumbant apres le moissonneur.

De ce qu'on ne uoid plus qu'une uague campaigne,
 Ou tout l'orgueil du monde on a ueu quelquefois,
 Tu n'en n'es pas coulpable, ô quiconques tu fois
 Que le Tygre, & le Nil, Gange, & Euphrate baigne:
Coulpables n'en font pas l'Afrique ny l'Espaigne,
 Ny ce peuple qui tient les riuages Anglois,
 Ny ce braue soldat qui boit le Rhin Gaulois,
 Ny cest autre guerrier, nourrisson d'Alemaigne.
Tu en es seule cause, ô ciuile fureur,
 Qui semant par les champs l'Emathienne horreur,
 Armas le propre gendre encontre son beaupere:
A fin qu'estant uenue à son degré plus hault,
 La Romaine grandeur trop longuement prospere,
 Se uist ruer à bas d'un plus horrible sault.

Esperez uous que la posterité
 Doiue (mes uers) pour tout iamais uous lire?
 Esperez uous que l'œuure d'une lyre
 Puisse acquerir telle immortalité?
Si sous le ciel fust quelque eternité,
 Les monuments que ie uous ay fait dire,
 Non en papier, mais en marbre & porphyre,
 Eussent gardé leur uiue antiquité.
Ne laisse pas toutefois de sonner
 Luth, qu'Apollon m'a bien daigné donner:
 Car si le temps ta gloire ne desrobbe,
Vanter te peux, quelque bas que tu sois,
 D'auoir chanté le premier des François,
 L'antique honneur du peuple à longue robbe.

SONGE.

C'Estoit alors que le présent des Dieux
   Plus doucemēt s'écoule aux yeux de l'hōme,
   Faisant noyer dedans l'oubly du somme
   Tout le soucy du iour laborieux,
Quand un Demon apparut à mes yeux
   Dessus le bord du grand fleuue de Rome,
   Qui m'appellant du nom dont ie me nomme,
   Me commanda regarder uers les cieux:
Puis m'escria, Voy (dit-il) & contemple
   Tout ce qui est compris sous ce grand temple,
   Voy comme tout n'est rien que uanité.
Lors cognoissant la mondaine inconstance,
   Puis que Dieu seul au temps fait resistance,
   N'espere rien qu'en la diuinité.

Sur la croppe d'un mont ie uis une Fabrique
   De cent brasses de hault: cent columnes d'un rond
   Toutes de diamant ornoient le braue front,
   Et la façon de l'œuure estoit à la Dorique.
La muraille n'estoit de marbre ny de brique,
   Mais d'un luisant crystal, qui du sommet au fond
   Elançoit mille rais de son uentre profond
   Sur cent degrez dorez du plus fin or d'Afrique.
D'or estoit le lambris, & le sommet encor
   Reluisoit escaillé de grandes lames d'or:
   Le paué fut de iaspe, & d'esmeraulde fine.
O uanité du monde! un soudain tremblement
   Faisant crouler du mont la plus basse racine,
   Renuersa ce beau lieu depuis le fondement.

Puis m'apparut une poincte aguisee
 D'un diamant de dix piedz en carré,
 A sa hauteur iustement mesuré,
 Tant qu'un archer pourroit prendre uisee.
Sur ceste poincte une urne fut posee
 De ce metal sur tous plus honnoré:
 Et reposoit en ce uase doré
 D'un grand Cesar la cendre composee.
Aux quatre coings estoient couchez encor
 Pour pedestal quatre grans lyons d'or,
 Digne tumbeau d'une si digne cendre.
Las rien ne dure au monde que torment!
 Ie uy du ciel la tempeste descendre,
 Et foudroyer ce braue monument.

Ie uy hault esleué sur columnes d'yuoire,
 Dont les bases estoient du plus riche metal,
 A chapiteaux d'albastre, & frizes de crystal,
 Le double front d'un arc dressé pour la memoire.
A chaque face estoit protraicte une uictoire,
 Portant ailes au doz, auec habit nymphal,
 Et hault assise y fut sur un char triomphal
 Des Empereurs Romains la plus antique gloire.
L'ouurage ne monstroit un artifice humain,
 Mais sembloit estre fait de celle propre main
 Qui forge en aguisant la paternelle foudre.
Las ie ne ueux plus uoir rien de beau sous les cieux,
 Puis qu'un œuure si beau i'ay ueu deuant mes yeux,
 D'une soudaine cheute estre reduict en poudre.

Et

Et puis ie uy l'Arbre Dodonien
　Sur sept costaux espandre son umbrage,
　Et les uainqueurs ornez de son fueillage
　Dessus le bord du fleuue Ausonien.
Là fut dressé maint trophee ancien,
　Mainte despouille, & maint beau tesmoignage
　De la grandeur de ce braue lignage
　Qui descendit du sang Dardanien.
I'estois rauy de uoir chose si rare,
　Quand de paisans une troppe barbare
　Vint oultrager l'honneur de ces rameaux.
I'ouy le tronc gemir sous la congnee,
　Et uy depuis la souche desdaignee
　Se reuerdir en deux arbres iumeaux.

Vne Louue ie uy sous l'antre d'un rocher
　Allaictant deux bessons: ie uis à sa mamelle
　Mignardement ioüer ceste couple iumelle,
　Et d'un col allongé la Louue les lecher.
Ie la uy hors de là sa pasture chercher,
　Et courant par les champs, d'une fureur nouuelle
　Ensanglanter la dent & la patte cruelle
　Sur les menus troppeaux pour sa soif estancher.
Ie uy mille veneurs descendre des montagnes,
　Qui bornent d'un costé les Lombardes campagnes,
　Et uy de cent espieux luy donner dans le flanc.
Ie la uy de son long sur la plaine estendue
　Poussant mille sanglotz, se ueautrer en son sang,
　Et dessus un uieux tronc la despouille pendue.

　　　　　　　　　　　　　c iij

Ie uy l'oyseau, qui le Soleil contemple,
D'un foible uol au ciel s'auanturer,
Et peu à peu ses ailes asseurer,
Suiuant encor le maternel exemple.
Ie le uy croistre, & d'un uoler plus ample
Des plus haults monts la hauteur mesurer,
Percer la nuë, & ses ailes tirer
Iusques au lieu, ou des Dieux est le temple.
Là se perdit: puis soudain ie l'ay ueu
Rouant par l'air en tourbillon de feu,
Tout enflammé sur la plaine descendre.
Ie uy son corps en poudre tout reduit,
Et uy l'oyseau, qui la lumiere fuit,
Comme un uermet renaistre de sa cendre.

Ie uis un fier Torrent, dont les flots escumeux
Rongeoient les fondemens d'une uieille ruine:
Ie le uy tout couuert d'une obscure bruine,
Qui s'éleuoit par l'air en tourbillons fumeux:
Dont se formoit un corps à sept chefz merueilleux,
Qui uilles & chasteaux couuoit sous sa poitrine,
Et sembloit deuorer d'une egale rapine
Les plus doux animaux, & les plus orgueilleux.
I'estois emerueillé de uoir ce monstre enorme
Changer en cent façons son effroyable forme,
Lors que ie uy sortir d'un antre Scythien
Ce uent impetueux, qui soufle la froidure,
Dissiper ces nuaux, & en si peu que rien
S'esuanouïr par l'air ceste horrible figure.

Tout

Tout effroyé de ce monstre nocturne,
   Ie uis un Corps hydeusement nerueux,
   A longue barbe, à long flottans cheueux,
   A front ridé, & face de Saturne:
Qui s'accoudant sur le ventre d'une urne,
   Versoit une eaue, dont le cours fluctueux
   Alloit baignant tout ce bord sinueux,
   Ou le Troyen combattit contre Turne.
Dessous ses pieds une Louue allaictoit
   Deux enfançons: sa main dextre portoit
   L'arbre de paix, l'autre la palme forte:
Son chef estoit couronné de laurier.
   A donc luy cheut la palme, & l'oliuier,
   Et du laurier la branche deuint morte.

Sur la riue d'un fleuue une Nymphe esploree,
   Croisant les bras au ciel auec mille sanglotz,
   Accordoit ceste plainte au murmure des flotz,
   Oultrageant son beau teinct, & sa tresse doree:
Las ou est maintenant ceste face honoree,
   Ou est ceste grandeur, & cest antique los,
   Ou tout l'heur & l'honneur du monde fut enclos,
   Quand des hommes i'estois, & des Dieux adoree?
N'estoit-ce pas assez que le discord mutin
   M'eut fait de tout le monde un publique butin,
   Si cest Hydre nouueau, digne de cent Hercules,
Foisonnant en sept chefz de uices monstrueux,
   Ne m'engendroit encor à ces bords tortueux
   Tant de cruelz Nerons, & tant de Caligules?

c iiij

Dessus un mont une Flamme allumée
   A triple poincte ondoyoit uers les cieux,
   Qui de l'encens d'un cedre precieux
Parfumoit l'air d'une odeur embasmee.
D'un blanc oyseau l'aile bien emplumee
   Sembloit uoler iusqu'au seiour des Dieux,
   Et degoisant un chant melodieux
Montoit au ciel auecques la fumee.
De ce beau feu les rayons escartez,
   Lançoient par tout mille & mille clartez,
   Quand le degout d'une pluie doree
Le uint esteindre. ô triste changement!
   Ce qui sentoit si bon premierement,
   Fut corrompu d'une odeur sulphuree.

Ie uy sourdre d'un roc une uiue Fontaine,
   Claire comme crystal aux rayons du Soleil,
   Et iaunissant au fond d'un sablon tout pareil
A celuy que Pactol' roule parmy la plaine.
Là sembloit que nature & l'art eussent pris peine
   D'assembler en un lieu tous les plaisirs de l'œil:
   Et là s'oyoit un bruit incitant au sommeil,
De cent accords plus doulx que ceux d'une Sirene.
Les sieges & relaiz luisoient d'yuoire blanc,
   Et cent Nymphes autour se tenoient flanc à flanc,
   Quand des monts plus prochains de Faunes une suyte
En effroyables criz sur le lieu s'assembla,
   Qui de ses uillains piedz la belle onde troubla,
   Mist les sieges par terre, & les Nymphes en fuyte.

                          Plus

Plus riche assez que ne se monstroit celle
    Qui apparut au triste Florentin,
    Iettant ma ueüe au riuage Latin,
    Ie uy de loing surgir une Nasselle:
Mais tout soudain la tempeste cruelle,
    Portant enuie à si riche butin,
    Vint assaillir d'un Aquilon mutin
    La belle Nef des autres la plus belle.
Finablement l'orage impetueux
    Fit abysmer d'un gouphre tortueux
    La grand' richesse à nulle autre seconde.
Ie uy sous l'eau perdre le beau thresor,
    La belle Nef, & les Nochers encor,
    Puis uy la Nef se ressourdre sur l'onde.

Ayant tant de malheurs gemy profondement,
    Ie uis une Cité quasi semblable à celle
    Que uid le messager de la bonne nouuelle,
    Mais basty sur le sable estoit son fondement.
Il sembloit que son chef touchast au firmament,
    Et sa forme n'estoit moins superbe que belle:
    Digne, s'il en fut onc, digne d'estre immortelle,
    Si rien dessous le ciel se fondoit fermement.
I'estois emerueillé de uoir si bel ouurage,
    Quand du costé de Nort uint le cruel orage,
    Qui souflant la fureur de son cœur despité
Sur tout ce qui s'oppose encontre sa uenüe,
    Renuersa sur le champ, d'une poudreuse nüe,
    Les foibles fondemens de la grande Cité.

Finablement sur le poinct que Morphee
　Plus ueritable apparoit à noz yeux,
　Fasché de uoir l'inconstance des cieux,
　Ie uoy uenir la sœur du grand Typhee:
Qui brauement d'un morion coiffee
　En maiesté sembloit egale aux Dieux,
　Et sur le bord d'un fleuue audacieux
　De tout le monde erigeoit un trophee.
Cent Roys uaincus gemissoient à ses piedz,
　Les bras au dos honteusement liez:
　Lors effroyé de uoir telle merueille,
Le ciel encore ie luy uoy guerroyer,
　Puis tout à coup ie la uoy foudroyer,
　Et du grand bruit en sursault ie m'esueille

F I N.

PRIVILEGE DV ROY.

RANCOYS par la grace de Dieu Roy de France, A noz amez & feaux Conseilliers les gens tenans noz courts de Parlement, Baillifz, Seneschaux, Preuosts, & autres noz iusticiers, & officiers de noz Royaumes, terres, pays & seigneuries, chacun endroit soy, salut. Nostre bien amé Federic Morel, marchand Libraire & Imprimeur demeurant en nostre ville de Paris, nous a treshumblement faict remonstrer, que feu nostre cher & bien amé Ioachim Dubellay auroit obtenu de nostre seigneur & pere le Roy dernier decedé, que Dieu absolue, certaines lettres patétes en forme de priuilege, datees du iij. iour de Mars, l'ã mil cinq cens lvij. par lesquelles inhibitions & defenses estoiét faictes à tous Libraires & Imprimeurs quelconques, de non imprimer les Oeuures dudict Dubellay, sinon de son consentement & cõgé, excepté seulemét l'imprimeur qu'il auroit choisi & eleu pour imprimer ses dictes œuures, selõ lesquelles lettres de priuilege, il auroit eleu ledict exposant, lequel des son viuant auroit imprimé plusieurs de ses dictes œuures à son grand contentement, & de tous les lecteurs: & apres son decez iceluy exposant auroit recouuert plusieurs autres œuures dudict Dubellay, non encores imprimees par cy deuát, lesqlles iceluy exposant feroit uolõtiers imprimer auec les autres ia auparauãt íprimees, de sorte q̃ toutes les œuures dudict feu Dubellay se peussét auoir en un ou deux iustes uolumes: Mais iceluy exposant craint, qu'apres auoir employé plusieurs grans fraiz à une bonne & correcte impression des dictes œuures, il ne soit frustré du profit qu'il doit attendre de son trauail, par quelques autres telz quelz Imprimeurs, lesquelz si tost qu'ilz peuuét recouurer quelque copie nouuellement imprimee, à la uente de laquelle ilz pensent faire quelque profit, la font soudain imprimer en impression difforme & incorrecte, & en mauuais papier, qui leur est occasion d'en faire quelque peu meilleur marché: requerant treshumblement sur ce noz lettres de prouision. Pource est il que nous desirans les œuures des bons auteurs, mesmement celles dudict Dubellay, estre correctement & fidelement imprimees, auons permis & permettons audict exposant, d'imprimer ou faire imprimer, uendre, exposer & debiter en uéte, toutes les œuures faictes & composees par ledict Dubellay, en un volume, ou en deux, en grande ou en petite marge, selon qu'iceluy exposant aduisera pour le mieux, auec inhibitions & defenses à tous Libraires, Imprimeurs, & autres marchands quelconques, de non r'imprimer lesdictes œuures, sur la copie dudict exposant, de neuf ans, à compter du iour de la premiere impression paracheuee: ains uoulons que tout ce qui aura esté faict & imprimé, ou mis en uente contre la teneur de ce present priuilege, soit incontinét & sans delay mis saisy & arresté en nostre main, par nostre huissier ou sergent sur ce premier requis, & les infracteurs de nos dictes presétes, par luy adiournez par deuãt celuy de uous auquel la cognoissãce en appartiédra. Vous mãdons, & expressemét enioignõs de proceder alencõtre d'eux sommairemét & de plain, mesmemét à la confiscatiõ desdictz liures imprimez contre la teneur de nostre present priuilege, auec condemnation d'amen de arbitraire tant enuers nous qu'enuers ledict exposant, & oultre des despens, dommages & interests d'iceluy exposant. Et par ce qu'il pourroit auoir affaire de ces presentes en plusieurs & diuers lieux, voulõs qu'au vidimus d'icelles faict soubs le scel royal, ou par l'un de noz amez & feaux notaires & secretaires, foy soit adioustee cõme à ce present original: en inserant le sõmaire duquel, ou la copie d'iceluy au uray, à la fin ou au commencement desdicts liures, uoulons qu'elles soient tenues pour suffisamment signifiees à tous Libraires, & Imprimeurs, tout ainsi que si particulieremét elles leur auoient esté monstrees & cõmuniquees: Car ainsi nous plait il estre faict. Dóné à Amboyse le xviij. iour de Mars, l'an de grace mil cinq cés lix. & de nostre regne le premier.   Par le Roy, Monsieur le Cardinal de Lorraine present.

Signé Robertet.

CONFIRMATION DV PRIVILEGE
SVSDICT.

CHARLES par la grace de Dieu Roy de France, à noz amez & feaux Conseillers, les gens tenans noz Cours de Parlemēt, Baillifs, Senefchauls, Preuofts, & autres noz iufticiers & officiers de noz royaume, pais, terres & feigneuries, chacū en droit foy, falut. Pource que uous pourriez faire difficulté de faire, fouffrir, & laiffer iouir noftre bien amé Federic Morel, marchand libraire & Imprimeur demourant en noftre ville de Paris, du priuilege porté par les lettres patētes à luy ottroyees par feu noftre trefcher feigneur & frere le Roy dernier decedé, du dixhuictiefme iour de Mars, mil cinq cens cinquante neuf, cy attachees foubs le contrefeel de noftre Chancellerie, pour imprimer, uendre, debiter, & expofer en uēte, toutes les œuures faictes & compofees par feu Ioachim Dubellay: obftant que depuis l'ottroy d'icelles lettres, noftredict feu feigneur & frere feroit decedé, fans auoir fur ce noz lettres de confirmation neceffaires, humblement requerant icelles. Pource eft-il, que nous uoulons lefdictes lettres de noftredict feu feigneur & frere fortir leur plain & entier effect: & en confirmant icelles, uous mandons & trefexpreffement enioignons chacun endroit foy fi comme à luy appartiendra, que de tout le contenu en icelles uous faictes, fouffrez & laiffez ledict Morel iouir, & ufer plainement & paifiblemēt durant le temps plus à plain contenu & declaré par icelles, comme fi elles luy eftoient par nous concedees & ottroyees: car tel eft noftre plaifir: Nonobftant quelconques edictz, ordonnances, reftrinctions, defences, & lettres à ce contraires.

Donné à fainct Germain des Prez lez Paris, le vingt & vniefme iour de Iuin, l'an de grace mil cinq cens foixante & vn: & de noftre regne, le premier.

Par le Roy en fon confeil, Signé

DE BARBERI.

www.ingramcontent.com/pod-product-compliance
Lightning Source LLC
Chambersburg PA
CBHW062001070426
42451CB00012BA/2517